ECKHART TOLLE

lebendige
beziehungen
jetzt!

100%
RECYCLINGPAPIER

Originalausgabe:
The Power Of Now – A Guide To Spiritual Enlightenment

Published in Canada by: Namaste Publishing Inc.
Vancouver, British Columbia, 1997

Eckhart Tolle: Lebendige Beziehungen JETZT! Aus: Jetzt! Die Kraft der Gegenwart
© J.Kamphausen Mediengruppe GmbH, Bielefeld 2005
info@j-kamphausen.de

Übersetzung: Christine Bolam
Lektorat: Christian Salvesen
Umschlaggestaltung und Innenlayout : ad department | Bielefeld
Druck & Verarbeitung: fgb, freiburger graphische betriebe

www.weltinnenraum.de

ISBN: 978-3-89901-760-1

8. Auflage 2014

Bibliografische Information der Deutschen Nationalbibliothek:
Die Deutsche Nationalbibliothek verzeichnet diese Publikation in der Deutschen Nationalbibliografie;
detaillierte bibliografische Daten sind im Internet über http://dnb.d-nb.de abrufbar.

ECKHART TOLLE

lebendige beziehungen

jetzt!

Wahre Veränderung geschieht
im Inneren, nicht aussen.

Finde das jetzt in dir,

und jeder, der dir begegnet,

wird von deiner Gegenwärtigkeit berührt

und von dem Frieden verwandelt,

den du ausstrahlst,

ob er sich dessen bewusst ist oder nicht.

einführung

Was im normalen Sprachgebrauch „Liebe" genannt wird, ist eine Strategie des Egos, um Hingabe zu vermeiden. Du erwartest, dass ein anderer dir etwas gibt, das du nur durch Hingabe erhalten kannst. Dein Ego benutzt diesen Menschen als Ersatz, damit du dich nicht hingeben musst. Die spanische Sprache ist in dieser Hinsicht am ehrlichsten: Sie benutzt denselben Ausdruck, *te quiero*, für „ich liebe dich" und „ich will dich haben".

Jemanden zu lieben oder ihn haben zu wollen, ist für das Ego dasselbe, während die wahre Liebe weder Habenwollen noch Besitzansprüche kennt und auch nicht versucht, den Partner zu ändern. Das Ego sucht sich einen Menschen aus und macht ihn zu etwas Besonderem. Es benutzt diesen Menschen, um die ständige unterschwellige Unzufriedenheit zu überdecken, das Gefühl, „nicht genug" zu haben oder zu sein, sowie den Zorn und den Hass, die immer damit einhergehen. Sie alle sind Facetten eines unterschwelligen, tief in jedem Menschen verborgenen Gefühls, das unvermeidlich mit dem Ego-Zustand zusammenhängt.

Wenn das Ego etwas herausgreift und sagt: „Ich liebe diese Sache", versucht es unbewusst, tief sitzende Gefühle zu überdecken, die immer mit ihm zusammen auftauchen: Die Unzufriedenheit, den Verdruss, das vertraute Gefühl, mangelhaft zu sein. Eine Zeit lang funktioniert der Trick auch. Doch es ist unvermeidlich, dass der Mensch, den du ausgewählt oder zu etwas Besonderem gemacht hast, deinen Schmerz, deinen Hass, deine Unzufriedenheit oder deinen Verdruss (die alle auf dem Gefühl basieren, nicht genug oder nicht vollständig zu sein) irgendwann nicht mehr überdeckt. Dann kommt das überlagerte Gefühl wieder zum Vorschein und du projizierst es letzten Endes auf den Menschen, den du herausgepickt und zu etwas Besonderem gemacht hattest – von dem du erwartet hast, dass er dich „retten würde". Plötzlich wird aus Liebe Hass. Das Ego erkennt nicht, dass der Hass eine Projektion des universalen Schmerzes ist, den du in dir trägst. Es glaubt, der andere sei die Ursache des Schmerzes. Es erkennt nicht, dass der Schmerz aus dem allgegenwärtigen Gefühl entspringt, nicht mit deinen eigenen Tiefen verbunden zu sein, nicht eins mit dir zu sein.

Das Objekt deiner Liebe kann wechseln, es ist so auswechselbar wie jedes Wunschobjekt des Egos. Manche Menschen gehen durch viele verschiedene Beziehungen. Sie ver- und entlieben sich viele Male. Sie lieben den anderen so lange, bis es nicht mehr funktioniert, denn keiner kann den universalen Schmerz für immer abdecken.

Allein die Hingabe kann dir geben, was du vom Objekt deiner Liebe erwartest. Das Ego hält die Hingabe für unnötig, schließlich liebst du ja diesen Menschen. Das ist natürlich unbewusst. Sobald du vollkommen annimmst, was ist, taucht etwas in dir auf, das von den Wünschen des Egos überdeckt wurde: Tiefer, innerer Frieden, Stille, Lebendigkeit – das Bedingungslose, das du in deiner Essenz bist. Das ist es, was du im Objekt deiner Liebe gesucht hast. Dich selbst. Wenn das geschieht, ist eine vollkommen andere Art der Liebe gegenwärtig, die der Polarität von Liebe und Hass nicht unterliegt. Sie pickt sich keinen speziellen Menschen oder Gegenstand aus. Es ist im Grunde absurd, sie mit demselben Wort zu bezeichnen.

Nun kann es passieren, dass du sogar in einer normalen Liebe/Hass-Beziehung gelegentlich in den Zustand der Hingabe eintauchst. Für einen kurzen Augenblick geschieht es: Du erlebst die tiefe, universale Liebe und die vollkommene Akzeptanz, die manchmal sogar in einer vom Ego geprägten Beziehung durchscheinen kann. Bleibt diese Hingabe jedoch nicht bestehen, wird sie schnell wieder von den Mustern des Egos überdeckt. Ich sage also nicht, dass die tiefere, wahrere Liebe nicht ab und zu sogar in einer Liebe/Hass-Beziehung auftauchen kann. Doch sie ist selten und meist von kurzer Dauer.

Immer, wenn du das annimmst, was ist, taucht etwas auf, das tiefer ist als das, was ist. Ganz gleich, ob du im schrecklichsten inneren oder äußeren Dilemma, in den schmerzlichsten Gefühlen oder Situationen gefangen bist: Sobald du akzeptierst was ist, gehst du darüber hinaus. Sogar Hass wird transzendiert, sobald du annimmst, dass du ihn empfindest. Dann ist der Hass vielleicht noch da, aber du bist an einem tieferen Ort angekommen, wo er dir nicht mehr so viel ausmacht.

Von größter Wichtigkeit in diesem Transformationsprozess ist es, gegenwärtig zu bleiben in zwischenmenschlichen Beziehungen, also gerade da, wo es am schwierigsten, wo die Herausforderung am größten ist. Das ist das Thema, mit dem sich dieses kleine Büchlein beschäftigt. Es enthält hauptsächlich Auszüge aus meinem Buch „Jetzt! Die Kraft der Gegenwart", welches schon Millionen Menschen geholfen hat, sich von der Identifikation mit dem Verstand zu befreien und ihre wahre Identität als das formlose Bewusstsein selbst zu erkennen.

Sobald ich meine Identität jenseits aller Formen erkenne, erkenne ich mich in jedem anderen Menschen und in allen anderen Wesen. Diese Erkenntnis der Einheit in der Welt der Dualität ist die Liebe, und nur die Liebe kann unsere Welt noch retten.

Eckhart Tolle

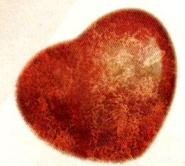

wo immer du bist,

ist der zugang

zum jetzt

Ich habe immer geglaubt, dass wahre Erleuchtung allein durch die Liebe in einer Beziehung zwischen Mann und Frau möglich ist. Werden wir nicht dadurch wieder ganz? Wie kann unser Leben erfüllt sein, bevor das geschieht?

Hast du das so erfahren? Ist dir das passiert?

Noch nicht, aber wie könnte es anders sein?
Ich weiß, es wird passieren.

Mit anderen Worten: Du wartest darauf, von einem Ereignis in der Zeit gerettet zu werden. Ist das nicht genau der zentrale Irrtum, über den wir gesprochen haben? Die Erlösung befindet sich nicht an einem anderen Ort, in einer anderen Zeit. Sie ist hier und jetzt.

Was bedeutet die Aussage: „Die Erlösung ist hier und jetzt?" Ich verstehe das nicht. Ich weiß nicht mal, was Erlösung überhaupt bedeutet.

Die meisten Menschen sind auf der Jagd nach körperlichen Freuden oder nach Selbstbestätigung, weil sie glauben, dass diese Dinge sie glücklich machen. Sie glauben, dass sie dadurch von ihren Angst- und Mangelgefühlen befreit werden. Glück kann als ein Gefühl intensiver Lebendigkeit angesehen werden, das durch körperliche Freuden entsteht, oder als ein verlässlicheres, vollkommeneres Selbstwertgefühl, das auf psychologischer Bestätigung beruht.

Man versucht, aus einem Zustand erlöst zu werden, der nie zufrieden stellt und der nie gut genug ist. Doch die Erlösung, die man auf diese Weise findet, ist nie von Dauer. Also wird man normalerweise die erwünschte Befriedigung und die Erfüllung wieder in die Zukunft verlegen, auf einen fantasierten Punkt jenseits vom Hier und Jetzt. „Wenn ich erst mal *dieses* erreicht habe oder von *jenem* befreit bin – dann wird es mir gut gehen." Mit dieser unbewussten Geisteshaltung erzeugen wir die Illusion, dass die Erlösung in der Zukunft liegt.

Wahre Erlösung bedeutet Erfüllung, Frieden, das Leben in all seiner Fülle. Du bist, wer du wirklich bist, und spürst das Gute in dir, das kein Gegenteil kennt. Du erlebst eine Daseinsfreude, die von nichts jenseits ihrer selbst abhängig ist. Eine solche Freude wird nicht als vergängliche Erfahrung empfunden, sondern als bleibende Präsenz. Theistisch ausgedrückt kennst du dann „Gott" nicht als etwas außerhalb von dir, sondern als deine eigene innerste Essenz. Wahre Erlösung bedeutet, dich selbst als untrennbaren Teil des zeitlosen und formlosen Einen Lebens zu erkennen, aus dem alles, was es gibt, seine Existenz bezieht.

Wahre Erlösung ist ein Zustand der Freiheit – von Angst und Leiden, von einem Zustand, in dem alles immer zu wenig und nichts gut genug zu sein scheint; Erlösung also von allem Wollen, Brauchen, Greifen und Festhalten. Eine derartige Erlösung bedeutet, von zwanghaftem Denken, Negativität und besonders von Vergangenheit und Zukunft als psychologischer Notwendigkeit frei zu sein. Dein Verstand sagt dir, dass du das von hier, wo du bist, nicht erreichen kannst. Irgendetwas muss zuerst passieren, oder du musst zuerst dieses oder jenes werden, bevor du frei und erfüllt sein kannst. Das heißt also, du brauchst Zeit: Du musst zuerst etwas herausfinden, klären, tun, erreichen, erwerben, werden oder verstehen, bevor du frei und vollkommen sein kannst.

Die Zeit kommt dir vor wie das Instrument deiner Erlösung – dabei ist sie in Wahrheit das größte Hindernis. Du glaubst, die Erlösung von hier, wo du bist, nicht erreichen zu können, weil du noch nicht vollkommen oder gut genug bist. Aber in Wirklichkeit ist hier und jetzt der einzige Punkt, von dem aus du sie erreichen kannst. Du erreichst sie, wenn du einsiehst, dass du schon angekommen bist. Du findest Gott in dem Moment, wo du einsiehst, dass du Gott nicht zu suchen brauchst.

Es gibt also keinen ausschließlichen Weg zur Erlösung: Jeder Umstand kann genutzt werden, und kein besonderer Umstand ist nötig. Allerdings gibt es nur einen Zugangspunkt: das Jetzt. Nirgendwo anders als in diesem Moment kann es Erlösung geben. **Du bist einsam und ohne Partner?**

Genau dort tritt ins Jetzt ein. Du bist in einer Beziehung? Genau dort tritt ins Jetzt ein.

Nichts, was du je tun oder erreichen könntest, wird dich der Erlösung näher bringen, als du es jetzt schon bist. Das mag für einen Verstand, der alles Lohnende immer in der Zukunft sieht, schwer zu begreifen sein. Außerdem kann dich nichts, was du je getan hast, und nichts, was dir je angetan wurde, davon abhalten, zu dem, was ist, Ja zu sagen und deine Aufmerksamkeit tief in das Jetzt zu geben. Du kannst es nicht in der Zukunft tun. Du tust es jetzt oder überhaupt nicht.

hass/liebe-
beziehungen

Bevor dir die Bewusstheitsfrequenz der Gegenwärtigkeit zugänglich ist, sind alle Beziehungen und besonders intime Beziehungen zutiefst unvollkommen und letzten Endes gestört. Sie erscheinen vielleicht für eine Weile perfekt – wenn du zum Beispiel „verliebt" bist – aber diese scheinbare Vollkommenheit wird unweigerlich gestört, sobald Streit, Konflikte, Unzufriedenheit und emotionale oder sogar körperliche Gewalt immer häufiger auftreten. Anscheinend werden die meisten „Liebesbeziehungen" sehr bald zu Hass/Liebe-Beziehungen. Wie auf Knopfdruck verwandelt sich die Liebe dann in heftige Angriffe, Feindseligkeit oder Liebesentzug. Das wird für normal gehalten.

Für eine gewisse Zeit, ein paar Monate oder Jahre, schwingt die Beziehung dann zwischen den zwei Polen „Liebe und Hass" hin und her, sie bringt den Betreffenden Freude und Schmerz zu gleichen Teilen. Es ist nicht ungewöhnlich, dass Paare von diesen Zyklen abhängig werden. Ihr Drama gibt ihnen ein Gefühl der Lebendigkeit. Wenn das Gleichgewicht zwischen den positiv-negativen Polaritäten verloren geht und die negativen, zerstörerischen Zyklen immer häufiger und immer heftiger werden

– was früher oder später meistens geschieht –, dann wird die Beziehung bald endgültig zusammenbrechen.

Es mag so aussehen, als müsste man nur die negativen und zerstörerischen Zyklen ausrotten, und schon wäre alles gut, schon würde die Beziehung wundervoll aufblühen. Aber leider ist das nicht möglich. Die Polaritäten bedingen sich gegenseitig. Man kann die eine nicht ohne die andere haben. Das Positive enthält das noch nicht manifestierte Negative. Beide sind in Wirklichkeit verschiedene Aspekte derselben Funktionsstörung.

Ich rede hier über das, was normalerweise eine romantische Liebesbeziehung genannt wird – nicht über die wahre Liebe, die kein Gegenteil kennt, weil sie jenseits vom Verstand erblüht. Die Liebe als fortwährender Zustand ist noch sehr selten – genauso selten wie ein bewusster Mensch. Doch immer, wenn im Denkstrom eine Lücke entsteht, sind kurze und flüchtige Einblicke in die Liebe möglich.

Die Gestörtheit einer Beziehung zeigt sich natürlich viel eher an ihren negativen Aspekten als an den positiven. Außerdem fällt es uns viel leichter, die Ursache der Negativität in unserem Partner zu sehen, als in uns selbst. Negativität kann sich auf viele verschiedene Arten äußern: als Besitzanspruch, Eifersucht,

Selbstbezogenheit, Manipulation oder Kontrolle; in Form von Rückzug, mangelnder Sensibilität, emotionalen Forderungen und unausgesprochenen Vorwürfen; als das Bedürfnis, Recht zu haben oder als Drang zu kritisieren, zu beurteilen, anzuklagen und anzugreifen; als Wut und unbewusste Rache für alten Schmerz, den uns unsere Eltern einst zugefügt haben, vielleicht in Form von schweren Aggressionen und körperlicher Gewalttätigkeit.

Auf der positiven Seite bist du in deinen Partner „verliebt". Das ist am Anfang ein zutiefst befriedigender Zustand. Du fühlst dich intensiv lebendig. Plötzlich macht dein Dasein Sinn, denn da ist jemand, der dich braucht, der dich will, für den du außergewöhnlich bist, und du gibst ihm oder ihr das Gleiche. Wenn ihr zusammen seid, fühlt ihr euch vollständig. Dieses Gefühl kann so überwältigend werden, dass der Rest der Welt davor verblasst.

Aber du hast vielleicht schon bemerkt, dass diese Intensität mit Bedürftigkeit und Festklammern gekoppelt ist. Du wirst von dem anderen abhängig. Er oder sie wirkt auf dich wie eine Droge. Du bist high, wenn du die Droge bekommen kannst, aber allein schon die Möglichkeit oder die Vorstellung, er oder sie könnte einmal nicht mehr für dich da sein, kann zu Eifersucht, Besitzansprüchen, Manipulationsversuchen und emotionaler Erpressung, zu Schuldzuweisungen und Anklagen – das heißt, zu Verlustangst – führen.

Wenn der/die andere dich verlässt, kannst du heftigste Feindschaft, tiefsten Kummer und bodenlose Verzweiflung verspüren. In einer Sekunde kann aus zärtlicher Liebe die brutalste Feindseligkeit, der entsetzlichste Kummer werden. Wo ist die Liebe geblieben? Kann sich Liebe in einem Moment in ihr Gegenteil verwandeln? War es dann überhaupt Liebe, oder nur Abhängigkeit, Festhalten, Klammern?

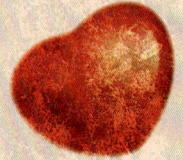

abhängigkeit
und die suche
nach ganzheit

Warum werden wir überhaupt von einem anderen Menschen abhängig?

Eine romantische Liebesbeziehung ist deshalb eine so intensive und allgemein begehrte Erfahrung, weil sie Befreiung von einem tiefen Zustand der Angst, der Bedürftigkeit, des Mangels und der Unvollkommenheit verspricht. Dieser Zustand ist Teil des menschlichen Daseins in seiner unerlösten und unerleuchteten Form, und er hat eine körperliche und eine psychologische Dimension.

Auf der körperlichen Ebene sind wir eindeutig nicht vollkommen und werden es auch nie sein: Jeder Mensch ist entweder ein Mann oder eine Frau, das heißt eine Hälfte vom Ganzen. Auf dieser Ebene manifestiert sich die Sehnsucht nach Ganzheit – nach der Rückkehr zur Einheit – als männlich-weibliche Anziehung, als das Bedürfnis des Mannes nach einer Frau, der Frau nach einem Mann. Das ist ein fast unwiderstehlicher Drang zur Vereinigung mit der entgegengesetzten Energiepolarität. Der Ursprung dieses Dranges ist an der Wurzel spirituell: Er entspringt

der Sehnsucht nach dem Ende der Dualität und der Rückkehr zu einem
Zustand der Einheit.

Auf der körperlichen Ebene stellt die sexuelle Vereinigung die größt-
mögliche Annäherung an diesen Zustand dar. Von allen Erfahrungen, die
im körperlichen Bereich möglich sind, bietet sie die tiefste Befriedigung.
Aber die sexuelle Vereinigung erlaubt nur einen **flüchtigen Blick auf die
Ganzheit, einen kurzen Moment der Glückseligkeit**. Solange wir unbewusst die Erlösung in ihr vermuten, suchen wir das Ende der Dualität auf
der Ebene der Form, wo es nicht gefunden werden kann. Uns wird ein ver-
führerischer Einblick in den Himmel gegönnt, aber wir dürfen dort nicht
bleiben und finden uns am Ende in einem getrennten Körper wieder.

Auf der psychologischen Ebene ist das Gefühl von Mangel und Unvollkommenheit sogar noch größer als auf der körperlichen. Solange wir uns
mit dem Verstand identifizieren, beziehen wir unser Selbstgefühl von
außen. Das heißt, wir erhalten unser Gefühl dafür, wer wir sind, von

Dingen, die letztendlich nichts mit uns zu tun haben: von unserer Rolle in der Gesellschaft, unserem Besitz, unserem Aussehen, unserem Erfolg, unserem Scheitern, unseren Glaubensmustern und so weiter.

Das falsche, vom Verstand geschaffene Selbst, das Ego, fühlt sich verletzlich und unsicher, und um sich seine Existenz zu bestätigen, sucht es unablässig nach neuen Dingen, mit denen es sich identifizieren kann. Aber nichts ist je genug, um ihm dauernde Erfüllung zu verschaffen. Seine Angst besteht weiter, sein Gefühl von Mangel und Bedürftigkeit bleibt.

Und dann erscheint diese besondere Beziehung. Sie scheint die Antwort auf alle Probleme des Egos zu sein, sie scheint all seine Bedürfnisse zu erfüllen. Zumindest am Anfang sieht das so aus. All die Dinge, aus denen du bislang deinen Selbstwert bezogen hast, rücken im Vergleich in den Hintergrund. Du hast jetzt einen einzigen Bezugspunkt, der sie alle ersetzt, der deinem Leben Sinn verleiht und von dem du deine Identität ableitest: die Person, in die du „verliebt" bist.

Nun bist du nicht länger ein unverbundenes Fragment in einem lieblosen Universum, oder zumindest scheint es so. Deine Welt hat jetzt einen Mittelpunkt: die geliebte Person. Die Tatsache, dass dieses Zentrum außerhalb deiner selbst liegt und du daher immer noch dein Selbstgefühl von außen beziehst, erscheint zunächst bedeutungslos. Wichtig ist vielmehr, dass die unterschwelligen Gefühle von Unvollkommenheit, Angst, Mangel und Unerfülltheit, die für den Egozustand so charakteristisch sind, auf einmal nicht mehr da sind – oder etwa doch? Haben sie sich aufgelöst oder existieren sie unter der glücklichen Oberflächen-Realität weiter?

Wenn du in deinen Beziehungen sowohl „Liebe" als auch ihr Gegenteil – Angriffe, emotionale Gewalt und so weiter – erlebst, dann kannst du davon ausgehen, dass du dein Anhaften am Ego und dein abhängiges Festklammern mit Liebe verwechselst. Du kannst deinen Partner oder deine Partnerin nicht in einem Augenblick lieben und im nächsten angreifen. **Wahre Liebe kennt kein Gegenteil.** Wenn deine „Liebe" mit einem Gegenteil einhergeht, dann ist sie keine Liebe, sondern ein starkes Egobedürfnis nach einem tieferen und vollkommeneren Selbstgefühl, ein Bedürfnis, das der andere zeitweilig erfüllt.

Das ist der Ersatz des Egos für die Erlösung, und für kurze Zeit fühlt es sich auch fast wie die Erlösung an. Aber dann kommt der Punkt, an dem das Verhalten deines Partners deine Bedürfnisse – oder vielmehr die Bedürfnisse deines Egos – nicht mehr befriedigt. Die Gefühle von Angst, Schmerz und Mangel, die untrennbar zum Egobewusstsein gehören, tauchen wieder auf – sie waren durch die „Liebesbeziehung" nur verdeckt. Wie bei jeder Sucht bist du high, solange die Droge verfügbar ist, doch der Moment, in dem sie nicht mehr wirkt, kommt immer.

Und wenn all die schmerzhaften Gefühle wiederkommen, fühlst du sie sogar noch stärker als vorher, ja, du betrachtest deinen Partner obendrein als Ursache dieser Gefühle. Das heißt, du projizierst sie nach außen und greifst dann den anderen mit der heftigen Gewalt an, die zu deinem Schmerz gehört. Ein solcher Angriff kann den Schmerz des anderen wecken, und er oder sie wird einen Gegenangriff starten. An dieser Stelle hofft das Ego unbewusst immer noch, dass seine Angriffe und Manipulationsversuche Strafe genug sind, um den Partner zu einer Verhaltensänderung zu bewegen. Dann könnte es ihn wieder als Betäubungsmittel für deinen Schmerz benutzen.

Jede Abhängigkeit entsteht aus der unbewussten Weigerung, den eigenen Schmerz anzuschauen und zu durchleben. Jede Sucht beginnt mit Schmerzen und endet mit Schmerzen. Egal wovon du abhängig bist – Alkohol, Essen, legale oder illegale Drogen oder eine Person –, du benutzt etwas oder jemanden, um den eigenen Schmerz abzudecken. Deshalb gibt es in intimen Beziehungen so viel Unglück und so viel Schmerz, nachdem die erste Euphorie verklungen ist. Beziehungen sind nicht die Ursache für Schmerz und Unglück. Sie bringen den Schmerz und das Unglück, die schon in dir sind, zum Vorschein. Jede Sucht tut das. Jede Sucht erreicht einen Punkt, an dem sie nicht mehr funktioniert, und dann fühlst du den Schmerz stärker als je zuvor.

Dies ist einer der Gründe, warum die meisten Menschen ständig versuchen, dem gegenwärtigen Moment zu entfliehen und in der Zukunft irgendeine Erlösung zu finden. Das erste, was ihnen begegnen könnte, wenn sie ihre Aufmerksamkeit auf das Jetzt richten würden, wäre ihr eigener Schmerz, und davor haben sie Angst. Wenn sie nur wüssten, wie leicht es ist, sich im Jetzt die Kraft der Gegenwärtigkeit zu erschließen, jene eine Wahrheit, die alle Täuschungen, alles Vergangene und den dazugehörigen Schmerz auflöst. Wenn sie nur wüssten, wie nahe sie ihrer eigenen Wirklichkeit sind, wie nahe sie Gott sind.

Es ist aber auch keine Lösung, Beziehungen zu vermeiden, um keinen Schmerz zu erfahren. Der Schmerz ist in jedem Fall da. Drei gescheiterte Beziehungen in der gleichen Anzahl von Jahren zwingen dich mit Sicherheit eher ins Erwachen als drei Jahre auf einer einsamen Insel oder im stillen Kämmerlein. Wenn du allerdings intensive Gegenwärtigkeit in dein Alleinsein einbringen kannst, wird das die gleiche Wirkung haben.

von abhängigen

zu erleuchteten

beziehungen

Können wir eine abhängige Beziehung in eine wahre Beziehung umwandeln?

Ja. Sei gegenwärtig. Tauche mit deiner Aufmerksamkeit immer tiefer ins Jetzt ein und vertiefe dadurch deine Gegenwärtigkeit. Das bleibt der Schlüssel, ganz gleich ob du allein lebst oder mit einem Partner. Damit die Liebe sich entfalten kann, muss das Licht deiner Gegenwärtigkeit stark genug sein. Dann werden der Denker oder der Schmerzkörper dich nicht mehr überwältigen und dir weismachen, dass sie du sind. Dich selbst als das Sein zu kennen, das sich hinter dem Denker verbirgt, als die Stille hinter dem Gedankenlärm, die Liebe und die Freude jenseits von Schmerz, das bedeutet Freiheit, Erlösung, Erleuchtung.

Wenn du die Identifikation mit dem Schmerzkörper löst, bringst du Gegenwärtigkeit in den Schmerz und verwandelst ihn dadurch. Die Identifikation mit dem Denken aufzulösen, bedeutet, zum stillen Beobachter deiner Gedanken und deines Verhaltens zu werden. Das gilt besonders für die endlosen Wiederholungsmuster deines Denkens und für die Rollen, die dein Ego spielt.

Wenn du aufhörst, deinen Verstand mit „Selbstheit" auszustatten, dann verliert er seine Zwanghaftigkeit, die im Prinzip darin besteht, alles zu beurteilen und auf diese Weise dem, was ist, Widerstand zu leisten. Das wiederum schafft Konflikte, Dramen und neuen Schmerz. Sobald dein Urteilen ein Ende findet, weil du das, was ist, annimmst, bist du vom Verstand befreit. Du hast Raum für Liebe, für Freude, für Frieden geschaffen.

Zuerst hörst du auf, dich selber zu verurteilen, dann hörst du auf, deinen Partner zu verurteilen. Der größte Katalysator für Veränderung in einer Beziehung ist das totale Annehmen deines Partners oder deiner Partnerin, so wie sie sind, ohne das Bedürfnis, sie wie auch immer zu verurteilen oder zu verändern. Das bringt dich sofort in einen Raum jenseits des Egos. Dann sind alle Spielchen des Verstandes und jedes süchtige Festklammern vorbei. Es gibt keine Opfer und keine Täter mehr, keine Ankläger und keine Angeklagten. Auch jede Art der Co-Abhängigkeit und alle Verwicklungen in die unbewussten Muster des anderen, die dadurch noch unterstützt werden, finden hier ein Ende. Ihr werdet euch entweder – in Liebe – trennen oder miteinander noch tiefer in das Jetzt, in das Sein eintauchen. Kann das so einfach sein? Ja. So einfach ist es.

Liebe ist ein Seinszustand. Deine Liebe lebt nicht außen, sie lebt tief in deinem Inneren. Du kannst sie nie verlieren und sie kann dich nie verlassen. Sie ist nicht abhängig von einem anderen Körper, einer äußeren Form. In der Stille deiner Gegenwärtigkeit kannst du deine eigene formlose und zeitlose Wahrheit fühlen und sie als das unmanifestierte Leben erkennen, das deine körperliche Form beseelt. Dasselbe Leben kannst du dann tief in jedem menschlichen Wesen, in jedem Geschöpf fühlen. Du durchschaust den Schleier von Form und Trennung. Das ist die Verwirklichung von Einheit. Das ist Liebe.

Was ist Gott? Das ewige Eine Leben hinter allen Formen, die das Leben annimmt. Was bedeutet Liebe? Liebe bedeutet, die Gegenwart dieses Einen Lebens tief in dir und in allen Geschöpfen zu spüren. Es zu sein. Aus diesem Grunde ist alle Liebe die Liebe Gottes.

Liebe ist nicht wählerisch, genau wie das Sonnenlicht nicht wählerisch ist. Sie bevorzugt niemanden. Sie schließt nichts aus. Etwas auszuschließen, gehört nicht zur Liebe Gottes, sondern zur Liebe des Egos. Allerdings fühlen wir wahre Liebe mit unterschiedlicher Intensität. Es kann einen Menschen geben, der dir deine Liebe klarer und intensiver zurückspiegelt, und wenn derjenige für dich genauso fühlt, dann kann man sagen, dass ihr miteinander in einer Liebesbeziehung seid. Was dich mit diesem Menschen verbindet, verbindet dich auch mit jemandem, der neben dir im Bus sitzt, oder mit einem Vogel, einem Baum, einer Blume. Nur ist die Intensität anders, mit der du es wahrnimmst.

Sogar in einer eigentlich abhängigen Beziehung kann es Momente geben, in denen etwas Wahreres durchscheint, etwas, das jenseits eurer gegenseitig abhängigen Bedürfnisse liegt. Das sind die Momente, in denen dein Verstand und der Verstand deines Partners oder deiner Partnerin kurz beiseite treten und der Schmerzkörper vorübergehend ruht. Manchmal geschieht das, wenn ihr euch körperlich nahe seid oder das Wunder der Geburt miterlebt, manchmal in der Gegenwart des Todes oder wenn einer von euch schwer krank ist – was auch immer dem Verstand die Macht nimmt.

Dann wird dein Sein enthüllt, das normalerweise hinter dem Verstand verborgen ist, und das macht wahre Kommunikation möglich. Wahre Kommunikation ist Kommunion, ist die Verwirklichung von Einheit, und somit Liebe. Normalerweise geht sie sehr schnell wieder verloren, es sei denn, du kannst gegenwärtig genug bleiben, um den Verstand und seine alten Muster auszuschließen. Sobald der Verstand und die Identifikation mit ihm zurückkehren, bist du nicht mehr du selbst, sondern eine

Vorstellung deiner selbst, und sofort beginnst du Spiele und Rollen zu spielen, um die Bedürfnisse deines Egos zu befriedigen. Wieder bist du ein menschlicher Verstand, der vorgibt, ein menschliches Wesen zu sein, und der mit einem anderen Verstand ein Drama veranstaltet, das dann „Liebe" genannt wird.

Obwohl kurze Einblicke möglich sind, kann die Liebe erst wirklich erblühen, wenn du für immer von der Identifikation mit dem Verstand befreit bist, wenn deine Gegenwärtigkeit intensiv genug ist, um den Schmerzkörper aufzulösen – oder wenn du wenigstens als Beobachter gegenwärtig bleiben kannst. Dann kann der Schmerzkörper dich nicht mehr überwältigen und so die Liebe zerstören.

beziehungen als spirituelle praxis

Wir leben in einer Zeit, in welcher die Ichbezogenheit des Bewusstseins und all die dadurch erzeugten sozialen, politischen und ökonomischen Strukturen in das letzte Stadium des Zusammenbruchs eintreten. Die Beziehungen zwischen Männern und Frauen spiegeln die tiefe Krise wider, in der die Menschheit sich nun befindet. Die Menschen haben sich mehr und mehr mit ihrem Verstand identifiziert, und so sind die meisten Beziehungen nicht im Sein verwurzelt. Sie werden zu einer Quelle des Schmerzes, dominiert von Problemen und Konflikten.

Millionen Menschen leben jetzt allein oder als Alleinerziehende, unfähig, eine intime Beziehung aufzubauen, oder nicht mehr willens, das verrückte Drama vergangener Beziehungen zu wiederholen. Andere wandern von einer Beziehung zur nächsten, von einem Lust- und Schmerzzyklus zum nächsten, immer auf der Suche nach einer flüchtigen Erfüllung durch die Vereinigung mit dem entgegengesetzten energetischen Pol.

Wieder andere gehen Kompromisse ein und bleiben in gestörten Beziehungen, in denen Negativität an der Tagesordnung ist – aus Sorge um das Wohlergehen der Kinder und um die Sicherheit; aus Gewohnheit, aus Angst vor dem Alleinsein oder aufgrund irgendeiner Absprache, die beiden nützen soll. Nicht selten sind die Partner auch geradezu süchtig nach dem Kick, den sie aus den emotionalen Dramen und dem damit einhergehenden Schmerz bekommen.

Jede Krise stellt aber nicht nur eine Gefahr, sondern auch eine Herausforderung dar. Wenn nun Beziehungen die egobezogenen Verstandesmuster verstärken und den Schmerzkörper aktivieren, wie es heutzutage meist der Fall ist, ist es dann nicht besser, diese Tatsache anzunehmen, anstatt zu versuchen, davor zu fliehen? Ist es nicht besser, mitzugehen, anstatt Beziehungen zu vermeiden oder das Phantom des idealen Partners als Antwort auf alle Probleme und als erhoffte Erfüllung aufrechtzuerhalten?

Die Herausforderung, die in jeder Krise verborgen ist, kommt erst zum Vorschein, wenn in einer gegebenen Situation alle Fakten anerkannt und voll akzeptiert werden. Solange du sie leugnest, solange du versuchst, ihnen zu entfliehen oder wünschst, alles wäre anders, solange öffnet sich das Fenster zu neuen Möglichkeiten nicht. Du bleibst in der Situation gefangen. Sie wird entweder so bleiben oder sich sogar noch verschlechtern.

Mit der Anerkennung und dem Akzeptieren der Tatsachen entsteht eine gewisse Freiheit von ihnen. Wenn du zum Beispiel weißt, dass eine Disharmonie besteht und in diesem „Wissen" innehältst, kommt ein neues Element ins Spiel und die Disharmonie kann nicht unverändert bestehen bleiben. Wenn du weißt, dass du nicht im Frieden bist, schafft dieses Wissen einen stillen Raum, der den Nichtfrieden liebevoll und zärtlich umgibt und auf diese Weise in Frieden verwandelt.

Du kannst in Bezug auf die innere Transformation nichts tun. Du kannst dich selbst nicht verwandeln, und noch viel weniger kannst du deinen Partner oder sonst jemanden verwandeln. Doch du kannst einen Raum herstellen, in dem Transformation möglich ist, in den Gnade und Liebe eintreten können.

Immer, wenn deine Beziehung nicht funktioniert, wenn sie in dir oder deinem Partner den Wahnsinn zum Vorschein bringt, freu dich. Was im Unbewussten verborgen war, wird ans Licht befördert. Nun ist Erlösung möglich. Du kennst den jeweiligen Moment und vor allem deine innere Befindlichkeit. Bleib mit dieser Kenntnis in jedem Moment. Wenn Wut da ist, wisse, dass sie da ist. Wenn Eifersucht, Abwehr, Streitsucht, Rechthaberei, ein inneres Kind, das Liebe und Aufmerksamkeit fordert, oder irgendein emotionaler Schmerz da sind – was immer es ist, erkenne die Wahrheit des Momentes und verweile in der Erkenntnis. Dann wird aus der Beziehung dein Sadhana, deine spirituelle Praxis.

Wenn du bei deinem Partner unbewusste Verhaltensweisen beobachtest, halte die Beobachtung in der liebenden, wissenden Umarmung deines tiefen Wissens, so dass du nicht reagierst. Unbewusstheit und Wissen können nicht lange gleichzeitig existieren. Das gilt auch, wenn nur einer der Partner bewusst ist und der andere gerade sein Unbewusstes ausagiert. Die Art von Energie, aus der Feindseligkeit und Angriffe entstehen, kann die Gegenwart von Liebe absolut nicht ertragen. Wenn du in irgendeiner Weise auf die Unbewusstheit deines Partners reagierst, wirst du selber unbewusst. Doch wenn du dich daran erinnerst, deine Reaktion zu erkennen, ist nichts verloren.

Wir Menschen stehen unter einem gewaltigen Druck, uns zu entwickeln, denn das ist die einzige Überlebenschance für uns als Gattung. Jeder Aspekt unseres Lebens ist davon betroffen, ganz besonders aber unsere Beziehungen. Noch nie zuvor waren Beziehungen so problematisch und konfliktgeladen wie jetzt. Du hast sicher schon bemerkt, dass sie nicht dazu da sind, dich glücklich zu machen und zu erfüllen.

Wenn du versuchst, durch eine Beziehung Erlösung zu finden, wirst du immer wieder enttäuscht werden. Sobald du aber akzeptierst, dass Beziehungen da sind, um dich bewusst zu machen statt glücklich, wird deine Beziehung dir Erlösung bieten und du wirst mit dem höheren Bewusstsein in Einklang kommen, das in diese Welt geboren werden möchte. Alle, die an den alten Mustern festhalten, werden in zunehmendem Maße Schmerz, Gewalttätigkeit, Verwirrung und Wahnsinn erleben.

Ich nehme an, es braucht zwei, um aus einer Beziehung eine spirituelle Aufgabe zu machen, so wie du es vorschlägst. Mein Partner zum Beispiel lebt immer noch seine alten Muster aus: Eifersucht und Kontrolle. Ich habe ihm das schon so oft erklärt, aber er kann es nicht erkennen.

Wie viele Menschen braucht es, um dein Leben in eine spirituelle Übung zu verwandeln? Störe dich nicht daran, wenn dein Partner nicht mitspielt. Geistige Gesundheit – Bewusstsein – kann nur durch dich in diese Welt kommen. Warte nicht darauf, dass erst die Welt gesundet oder irgendjemand anderer bewusst wird, bevor du erleuchtet werden kannst. Da kannst du ewig warten.

Verurteilt euch nicht gegenseitig für eure Unbewusstheit. Sobald du zu streiten beginnst, hast du dich schon auf eine bestimmte Einstellung festgelegt und verteidigst nun nicht nur deine Position, sondern auch dein Selbstbild. Das Ego hat die Leitung. Du bist unbewusst geworden. Manchmal ist es richtig, bestimmte Aspekte im Verhalten des Partners kritisch zu beleuchten. Wenn du sehr wach, sehr bewusst bist, kannst du das ohne Ego tun – ohne Vorwurf, ohne Anklage, ohne den anderen ins Unrecht zu setzen.

Wenn dein Partner sich unbewusst verhält, verzichte auf jedes Urteil. Wenn du urteilst, verwechselst du entweder das unbewusste Verhalten eines Menschen mit seinem wahren Wesen oder du projizierst deine eigene Unbewusstheit auf den anderen und hältst diese fälschlich für sein Wesen.

Auf das Urteilen zu verzichten bedeutet nicht, Fehler oder Unbewusstheit nicht als solche zu erkennen. Du siehst sie ja. Es bedeutet, „das tiefere Wissen" zu sein und nicht „die Reaktion" oder der Richter. Dann reagierst du entweder gar nicht mehr, oder du reagierst und bleibst weiterhin im Wissen – in jenem Raum, in dem die Reaktion beobachtet wird und sein darf. **Statt mit der Dunkelheit zu kämpfen, bringst du Licht hinein.** Statt auf die Illusion zu reagieren, siehst du die Täuschung und durchschaust sie zugleich.

Wenn du das Wissen, die Erkenntnis lebst, schafft das einen klaren Raum liebevoller Gegenwärtigkeit, der allen Dingen und allen Wesen erlaubt, zu sein, was oder wer sie sind. Es gibt keinen größeren Katalysator für die Transformation. Wenn du das praktizierst, kann dein Partner nicht mit dir zusammen und unbewusst bleiben.

Wenn ihr euch einig seid, dass die Beziehung eure spirituelle Praxis sein soll, umso besser. Dann könnt ihr einander eure Gedanken und Gefühle mitteilen, sobald sie auftreten, oder sobald eine Reaktion auftaucht, und es entsteht kein Zeitaufschub, wo unausgedrückte oder abgelehnte Emotionen und Beschwerden vor sich hin köcheln und wachsen. Lerne, deine Gefühle auszudrücken, ohne den anderen anzuklagen. Höre deinem Partner offen und ohne Abwehr zu. Gib deinem Partner oder deiner Partnerin Raum, sich auszudrücken. Sei gegenwärtig.

All die alten Beschuldigungen, Verteidigungen, Angriffe und ähnliche Muster, die nur das Ego stärken, schützen und seine Bedürfnisse befriedigen sollen, werden dann überflüssig. Anderen und dir selbst Raum zu geben, ist entscheidend. Nur so kann Liebe aufblühen. Erst wenn die beiden Faktoren beseitigt sind, die Beziehungen zerstören – das heißt, wenn der Schmerzkörper verwandelt ist und du dich nicht mehr mit dem Verstand und seinen Einstellungen identifizierst (und wenn dein Partner das Gleiche erreicht hat), dann werdet ihr die Glückseligkeit erleben, die eine blühende Beziehung mit sich bringt. Anstatt einander Schmerz und Unbewusstheit zu spiegeln und die wechselseitig abhängigen

Egobedürfnisse zu befriedigen, werdet ihr die Liebe, die ihr im Innersten fühlt, reflektieren – die Liebe, die mit der Einsicht kommt, dass ihr eins seid mit allem, was ist. **Das ist die Liebe, die kein Gegenteil kennt.**

Ist dein Partner noch mit dem Verstand und dem Schmerzkörper identifiziert, während du schon frei bist, stellt das eine riesige Herausforderung dar – nicht für dich, sondern für deinen Partner. Es ist nicht leicht, mit einem erleuchteten Menschen zu leben, oder vielmehr: Es ist so leicht, dass sich das Ego extrem bedroht fühlt. Denke daran: Das Ego braucht Probleme, Konflikte und „Feinde", um das Gefühl von Getrenntheit aufrechtzuerhalten, von dem seine Identität abhängt.

Der Verstand des unerleuchteten Partners wird zutiefst frustriert sein, weil seine starren Einstellungen auf keinen Widerstand stoßen und deshalb unsicher und schwach werden. Es besteht sogar die „Gefahr", dass sie ganz zusammenbrechen, was dazu führt, dass das Selbst verloren geht. Der Schmerzkörper verlangt Rückmeldung und bekommt sie nicht. Das Bedürfnis nach Streit, Drama und Konflikten wird nicht erfüllt.

Aber sei achtsam: Manchmal gibt es kontaktscheue, zurückgezogene, unsensible Menschen, die von ihren Gefühlen abgeschnitten sind, und glauben (und auch andere davon überzeugen wollen), dass sie erleuchtet sind oder dass zumindest bei ihnen alles okay ist – nur ihr Partner ist nicht okay. Männer neigen eher dazu als Frauen. Sie können ihre Partnerin für irrational oder emotional halten. Wenn du deine Emotionen spüren kannst, bist du von dem dahinter liegenden, strahlenden inneren Körper nicht weit entfernt. Lebst du hingegen hauptsächlich in deinem Kopf, dann ist der Abstand viel größer, und du musst zuerst Bewusstsein in deinen Emotionalkörper bringen, bevor du Zugang zum inneren Körper findest. Alles, was nicht von einer Ausstrahlung von Liebe und Freude, von totaler Gegenwärtigkeit und Offenheit allen Wesen gegenüber begleitet ist, ist keine Erleuchtung. Außerdem kann man es daran beurteilen, wie sich ein Mensch in schwierigen Situationen verhält, oder wenn die Dinge „schief laufen". Wenn deine „Erleuchtung" eine Einbildung des Egos ist, dann wird dir das Leben bald eine Herausforderung bringen, die deine Unbewusstheit zum Vorschein bringt – in welcher Form auch immer: als Angst, Wut, Abwehr, Urteil, Depressionen und so weiter.

Wenn du in einer Beziehung bist, werden dir viele Herausforderungen durch den Partner gestellt. Eine Frau könnte zum Beispiel durch einen gleichgültigen Mann herausgefordert werden. Sie wird durch seine Unfähigkeit, sie wirklich zu hören herausgefordert, oder durch sein Unvermögen, ihr Aufmerksamkeit und Raum zu geben, einfach nur zu sein. Grund dafür ist sein Mangel an Gegenwärtigkeit. Die Lieblosigkeit in der Beziehung, die meistens von der Frau viel unmittelbarer gefühlt wird als vom Mann, aktiviert ihren Schmerzkörper, und durch ihn wird sie ihren Partner angreifen, beschuldigen, kritisieren, ins Unrecht setzen und so weiter. Das wird nun für ihn zu einer Herausforderung.

Um sich gegen die Angriffe ihres Schmerzkörpers zu wehren, die er für völlig aus der Luft gegriffen hält, wird er sich noch vehementer auf seine mentalen Einstellungen versteifen. Er wird sich rechtfertigen, verteidigen oder einen Gegenangriff starten. Das kann schließlich dazu führen, dass sein eigener Schmerzkörper aktiviert wird. Wenn beide Partner derart überwältigt sind, befinden sie sich auf einer Ebene tiefster Unbewusstheit, emotionaler Gewalttätigkeit, heftigster Angriffe und Gegenangriffe. Und das hört erst auf, wenn beide Schmerzkörper sich aufgefüllt haben und schließlich in den Ruhezustand zurückkehren. Bis zum nächsten Mal.

Das ist nur ein Beispiel aus einer endlosen Serie möglicher Abläufe. Viele Bände sind geschrieben worden und viele weitere könnten noch darüber geschrieben werden, wie die Unbewusstheit in Beziehungen zwischen Mann und Frau ans Tageslicht kommen kann. Aber wie ich schon sagte, wenn man erst einmal die Wurzel einer Störung kennt, braucht man ihre vielfältigen Erscheinungen nicht mehr zu untersuchen.

Lasst uns noch einmal kurz das Szenario anschauen, das ich eben beschrieben habe. Jede der in ihr enthaltenen Herausforderungen bietet tatsächlich eine versteckte Möglichkeit zur Erlösung. Auf jeder Stufe dieses sich entfaltenden Störungsprozesses ist es möglich, von der Unbewusstheit frei zu werden. Zum Beispiel könnte die Feindseligkeit der Frau ein Signal für den Mann sein, das ihm hilft, aus seinem vom Verstand beherrschten Zustand aufzutauchen, zum Jetzt aufzuwachen und gegenwärtig zu sein – anstatt sich noch mehr mit dem Verstand zu identifizieren und immer unbewusster zu werden.

Anstatt der Schmerzkörper zu „sein" könnte die Frau das Wissen verkörpern, das ihren emotionalen Schmerz bezeugt und auf diese Weise Zugang zur Kraft des Jetzt bekommt. Das wäre der Auslöser für die Transformation des Schmerzes: Die zwanghafte und automatische Projektion des Schmerzes nach außen würde beendet. Die Frau könnte ihrem Partner ihre Gefühle mitteilen. Es gibt natürlich keine Garantie, dass er ihr zuhören würde, aber er erhielte die Möglichkeit, gegenwärtig zu sein.

Auf jeden Fall würde der verrückte Kreislauf unterbrochen, in dem alte Verstandesmuster unwillkürlich ausagiert werden. Wenn die Frau diese Gelegenheit verpasst, könnte der Mann zum Zeugen seiner geistig-emotionalen Reaktion auf ihren Schmerz, seiner Abwehrhaltung werden, anstatt diese Reaktion zu sein. Er könnte beobachten, wie sein eigener

Schmerzkörper aktiviert wird und so Bewusstheit in seine Gefühle bringen. Auf diese Weise würde ein klarer und stiller Raum reinen Bewusstseins geschaffen: das Erkennen, der stille Zeuge, der Beobachter. Ein solches Bewusstsein leugnet den Schmerz nicht und ist doch jenseits von ihm. Es erlaubt dem Schmerz zu sein und wandelt ihn gleichzeitig um. Es akzeptiert alles und verwandelt alles. Eine Tür hätte sich geöffnet, sie und er könnten hindurchgehen und dem Schmerz in diesem Raum begegnen.

Wenn du in deiner Beziehung ständig oder zumindest überwiegend gegenwärtig bist, wird das zur größten Herausforderung für deinen Partner. Er oder sie wird deine Gegenwärtigkeit nicht lange ertragen können, ohne bewusst zu werden. Wenn dein Partner bereit ist, wird er durch die Tür gehen, die du geöffnet hast, und im Zustand der Gegenwärtigkeit mit dir zusammenkommen. Ist er oder sie nicht bereit, dann werdet ihr euch wie Öl und Wasser voneinander trennen. Das Licht ist zu schmerzhaft für einen Menschen, der im Dunklen bleiben möchte.

warum frauen

der erleuchtung

näher sind

Sind die Hindernisse auf dem Weg zur Erleuchtung für Frauen und Männer gleich?

Ja, aber da gibt es unterschiedliche Schwerpunkte. Im Allgemeinen ist es für eine Frau leichter, in ihrem Körper zu sein und ihn zu fühlen, und so ist sie dem Sein gewiss näher und möglicherweise auch der Erleuchtung, als es ein Mann ist. Deshalb sind in vielen alten Kulturen instinktiv weibliche Figuren oder Symbole ausgewählt worden, um die formlose und transzendente Realität darzustellen. Sie wurde oft als der Schoß gesehen, dem die Schöpfung entspringt und der alles erhält und nährt, solange es als Form existiert.

Im Tao Te King, einem der ältesten und tiefsten Bücher, das je geschrieben wurde, wird das Tao – das man mit Sein übersetzen könnte – als „grenzenlos, ewig gegenwärtig, die Mutter des Universums" beschrieben. Natürlicherweise sind Frauen der Erleuchtung näher als Männer – sie „verkörpern" ja sozusagen das Unmanifeste. Außerdem müssen alle

Geschöpfe und alle Dinge am Ende zur Quelle zurückkehren. „Alle Dinge verschwinden im Tao. Es allein hat Bestand." Da die Quelle als weiblich verstanden wird, steht sie für die hellen und dunklen Seiten des weiblichen Archetyps in Psychologie und Mythologie. Die Göttin oder die Göttliche Mutter hat zwei Seiten: Sie schenkt Leben und sie nimmt es auch wieder.

Als der Verstand die Oberhand gewann und die Menschen die Verbindung mit der Wirklichkeit ihrer göttlichen Essenz verloren, begannen sie, sich Gott als eine männliche Figur vorzustellen. Die Gesellschaft kam unter männliche Herrschaft und das Weibliche wurde dem Männlichen unterworfen.

Ich schlage hier nicht vor, wieder zu den frühen weiblichen Darstellungen des Göttlichen zurückzukehren. Einige Menschen benutzen jetzt den Begriff Göttin statt Gott. Sie stellen das Gleichgewicht zwischen dem Männlichen und dem Weiblichen wieder her, das vor langer Zeit verloren gegangen ist, und das ist gut so. Doch das ist nur eine Darstellung, ein Konzept, das vielleicht für eine Weile nützlich sein kann, so wie eine Landkarte oder ein Hinweisschild zeitweise nützlich sind. Wenn du bereit bist, die Wahrheit hinter allen Konzepten und Bildern zu sehen, werden diese zu Hindernissen.

Die Energiefrequenz des Verstandes scheint allerdings tatsächlich männlich. Der Verstand leistet Widerstand, kämpft um Kontrolle, benutzt, manipuliert, greift an, versucht zu begreifen und festzuhalten und so weiter. Deshalb ist der traditionelle Gott eine patriarchalische, kontrollierende Autoritätsfigur, ein Mann, der häufig ärgerlich ist und vor dem du dich fürchten sollst, wie es das Alte Testament nahe legt. Dieser Gott ist eine Projektion des menschlichen Verstandes.

Um jenseits des Verstandes zu gehen und uns wieder mit der tieferen Wahrheit des Seins zu verbinden brauchen wir völlig andere Qualitäten: Hingabe, Urteilsfreiheit, eine Offenheit, die dem Leben erlaubt zu sein statt es zu hindern – und die Fähigkeit, alle Dinge in der liebevollen Umarmung deiner Einsicht zu halten. All diese Eigenschaften sind mit dem weiblichen Prinzip viel näher verwandt als dem männlichen. Verstandesenergie ist hart und starr, Seinsenergie dagegen weich, nachgiebig und trotzdem weitaus mächtiger als der Verstand. Der Verstand regiert unsere Zivilisation, **doch das Sein trägt die Verantwortung für alles Leben** auf unserem Planeten und darüber hinaus. Das Sein entspricht der Intelligenz, die als das physische Universum sichtbar und manifest wird. Obwohl Frauen ihm von ihren Anlagen her näher stehen, ist es auch Männern in ihrem Inneren zugänglich.

Zurzeit befinden sich die meisten Männer ebenso wie die meisten Frauen noch fest in den Klauen des Verstandes: Sie sind mit dem Denker und dem Schmerzkörper identifiziert. Genau das verhindert natürlich die Erleuchtung und das Erblühen der Liebe. In der Regel ist der denkende Verstand das größte Hindernis für die Männer und der Schmerzkörper für die Frauen, obwohl in vereinzelten Fällen auch das Gegenteil der Fall ist und in anderen Fällen beide Faktoren gleichermaßen wirken.

die auflösung

des kollektiven

weiblichen

schmerzkörpers

Warum ist der Schmerzkörper für Frauen ein größeres Hindernis?

Der Schmerzkörper hat gewöhnlich einen kollektiven und einen persönlichen Aspekt. Der persönliche Aspekt besteht in dem angesammelten Restschmerz, der in der eigenen Vergangenheit erlitten wurde. Der kollektive Aspekt besteht in dem Schmerz, der in der kollektiven menschlichen Psyche über Tausende von Jahren durch Krankheit, Folter, Krieg, Mord, Grausamkeit, Wahnsinn und so weiter angesammelt wurde. Der Schmerzkörper eines jeden Menschen hat an diesem kollektiven Schmerzkörper Anteil. Der kollektive Schmerzkörper enthält verschiedene Stränge. Einige Völker oder Länder zum Beispiel, in denen extreme Formen von Unfrieden oder Gewalttätigkeit vorkommen, haben einen schwereren kollektiven Schmerzkörper als andere.

Jeder Mensch, der einen starken Schmerzkörper in sich trägt und nicht genug Bewusstsein besitzt, um die Identifikation mit ihm zu lösen, muss einerseits ständig und immer wieder seinen emotionalen Schmerz durchleben, und wird andererseits sehr leicht zum Täter oder Opfer weiterer Gewalt, je nachdem ob sein Schmerzkörper überwiegend aktiv oder passiv ist. Allerdings kann ein solcher Mensch auch der Erleuchtung näher sein. Das ist eine Möglichkeit, die nicht unbedingt wirklich wird. Doch ein Mensch, der in einem Albtraum gefangen ist, will wohl eher aufwachen als einer, der nur in den Höhen und Tiefen eines gewöhnlichen Traumes festhängt.

Jede Frau, die nicht voll bewusst ist, hat neben ihrem persönlichen Schmerzkörper einen Anteil an etwas, das wir den kollektiven weiblichen Schmerzkörper nennen können. Dieser besteht aus angesammeltem Schmerz, den die Frauen zum Teil durch männliche Unterwerfung des Weiblichen, durch Sklaverei, Ausbeutung, Vergewaltigung, Geburten, den Verlust eines Kindes und so weiter über Tausende von Jahren erlitten haben.

Der emotionale oder körperliche Schmerz, den viele Frauen zu Beginn oder während ihrer Regel erleben, entspricht dem Schmerzkörper in seinem kollektiven Aspekt, der zu jenem Zeitpunkt aus seinem Ruhezustand erwacht. Er kann aber auch zu anderen Zeiten aktiviert werden. Der kollektive Schmerzkörper behindert den freien Energiefluss durch den Körper, und die Menstruation ist ein körperlicher Ausdruck dieses Flusses. Lasst uns hier einen Moment verweilen und betrachten, wie diese Tatsache zu einer Möglichkeit der Erleuchtung werden kann. Oft wird eine Frau zum Zeitpunkt ihrer Regel vom Schmerzkörper „überwältigt". Er hat eine extrem mächtige emotionale Ladung, die dich leicht in die unbewusste Identifikation ziehen kann. Dann bist du aktiv von einem Energiefeld besessen, das deinen inneren Raum anfüllt und vorgibt, du zu sein. Dieses Energiefeld ist natürlich ganz und gar nicht du. Es spricht durch dich, handelt durch dich, denkt durch dich. Es zieht negative Situationen in dein Leben, damit es sich durch deren Energie nähren kann. Es verlangt nach mehr Schmerz, in welcher Form auch immer. Ich habe diesen Prozess schon beschrieben. Es kann tückisch und zerstörerisch sein. Es besteht aus reinem Schmerz, vergangenem Schmerz – und es ist nicht du.

Die Anzahl der Frauen, die sich zurzeit dem vollkommen bewussten Zustand nähern, übertrifft schon jetzt die der Männer und wird in den kommenden Jahren noch zunehmen. Die Männer werden sie am Ende vielleicht einholen, aber für eine beträchtliche Zeit wird es eine Kluft zwischen dem Bewusstsein der Männer und dem der Frauen geben. Die Frauen erhalten die Aufgabe zurück, die ihr Geburtsrecht ist und die ihnen deshalb leichter fällt als Männern: eine Brücke zwischen der manifesten Welt und dem Unmanifesten, zwischen dem Körperlichen und dem Geist zu sein.

Wenn du eine Frau bist, ist es zurzeit deine Hauptaufgabe, den Schmerzkörper zu transformieren, damit er sich nicht länger zwischen dich und dein wahres Selbst – zwischen dich und die Essenz dessen, was du bist – stellt. Du musst natürlich auch mit dem zweiten Hindernis zur Erleuchtung, dem denkenden Verstand, umzugehen lernen, aber die intensive Gegenwärtigkeit, die du erzeugst, wenn du dich mit dem Schmerzkörper befasst, wird dich gleichzeitig von der Identifikation mit dem Verstand befreien.

Als Erstes erinnere dich: Solange du den Schmerz benutzt, um dir aus ihm eine Identität zu schaffen, kannst du dich nicht von ihm befreien. Solange ein Teil deines Selbstgefühls von emotionalem Schmerz abhängig ist, wirst du unbewusst jeden Versuch, von ihm geheilt zu werden, abwehren oder sabotieren. Warum? Ganz einfach, du möchtest dich selbst ganz erhalten, und der Schmerz ist zu einem festen Bestandteil von dir geworden. Das ist ein unbewusster Vorgang. Die einzige Möglichkeit ihn zu überwinden ist, ihn bewusst zu machen.

Es kann eine ziemlich schockierende Einsicht sein, wenn du plötzlich feststellst, dass du an deinem Schmerz festgehalten hast oder noch festhältst. In dem Moment, in dem du diese Einsicht gewonnen hast, ist der

Bann gebrochen. Der Schmerzkörper ist ein Energiefeld – fast wie ein Wesen, das sich zeitweilig in deinem Inneren eingerichtet hat. Es besteht aus Lebensenergie, die festgehalten ist, Energie, die nicht mehr fließt. Natürlich existiert der Schmerzkörper aufgrund von Ereignissen aus der Vergangenheit. Er ist die lebendige Vergangenheit in dir, und wenn du dich mit ihm identifizierst, dann identifizierst du dich mit der Vergangenheit. Eine Opferidentität entsteht aus dem Glauben, die Vergangenheit sei mächtiger als die Gegenwart. Das Gegenteil ist wahr. Du glaubst, dass andere Menschen aufgrund der Dinge, die sie dir einmal angetan haben, die Verantwortung für das tragen, was du jetzt bist. Du gibst ihnen die Verantwortung für deinen emotionalen Schmerz und deine Unfähigkeit, wirklich du selbst zu sein.

In Wirklichkeit ist die einzige Macht, die es gibt, hier und jetzt, in diesem Augenblick. Sie ist die Macht deiner Gegenwärtigkeit. Wenn du das weißt, dann ist dir auch klar, dass du jetzt für dein Inneres verantwortlich bist – niemand sonst – und dass die Vergangenheit angesichts der Kraft des Jetzt keine Chance hat.

Deine Identifikation hält dich also davon ab, dich mit dem Schmerzkörper zu befassen. Manche Frauen sind zwar bewusst genug, ihre Opferidentität auf der persönlichen Ebene loszulassen, doch auf der kollektiven Ebene sind sie noch in dem gefangen, „was die Männer den Frauen angetan haben". Sie haben Recht – und zugleich auch nicht. Sie haben Recht, wenn es darum geht, dass der kollektive weibliche Schmerzkörper aufgrund männlicher Gewalt gegen Frauen und der Jahrtausende während den Unterdrückung des weiblichen Prinzips auf diesem Planeten entstanden ist. Sie sind im Unrecht, wenn sie aus dieser Tatsache ein Identitätsgefühl beziehen und in einer kollektiven Opfermentalität gefangen bleiben. Wenn eine Frau immer noch an Wut, Groll oder Urteilen festhält, dann hält sie damit an ihrem Schmerzkörper fest. Sie mag dabei ein tröstliches Gefühl von Identität und Solidarität mit anderen Frauen erfahren, aber sie bleibt auch an die Vergangenheit gebunden. Ihre Einstellung verbaut ihr den freien Zugang zu ihrer Essenz und ihrer wahren Kraft. Wenn sich Frauen von den Männern abwenden, dann fördert das ein Gefühl der Trennung und damit eine Verstärkung des Egos. Und je stärker das Ego ist, desto weiter bist du von deiner wahren Natur entfernt.

Benutze also den Schmerzkörper nicht, um dir eine Identität zu geben. Nutze ihn stattdessen für deine Erleuchtung. Wandle ihn in Bewusstsein um. Einer der besten Momente dafür ist der Zeitpunkt deiner Menstruation. Ich glaube, dass in den kommenden Jahren viele Frauen an diesem Zeitpunkt vollständiges Bewusstsein erlangen werden.

Normalerweise ist die Menstruation für viele Frauen eine Zeit der Unbewusstheit, da der kollektive weibliche Schmerzkörper sie überwältigt. Hast du allerdings einen gewissen Grad von Bewusstheit erlangt, dann kannst du diese Tatsache umkehren. Statt unbewusst zu werden, kannst du bewusster werden. Ich habe diesen Vorgang im Prinzip schon erklärt, aber ich führe euch noch einmal Schritt für Schritt hindurch – dieses Mal besonders mit Bezug auf den kollektiven weiblichen Schmerzkörper.

Wenn du weißt, dass deine Regel naht, und bevor du die ersten Anzeichen des so genannten prämenstruellen Stresses, des Erwachens des kollektiven Schmerzkörpers spürst, dann achte darauf, sehr wach zu sein und deinen Körper so umfassend wie möglich zu bewohnen. Wenn das erste Anzeichen auftaucht, ist es wichtig, dass du bewusst genug bist, es „einzufangen", bevor es dich überwältigt.

Das könnte zum Beispiel eine plötzliche Gereiztheit sein, ein Moment heftiger Wut oder vielleicht ein rein körperliches Symptom. Was immer es ist, ergreife es, bevor es sich deines Denkens oder deines Verhaltens bemächtigen kann. Richte einfach das Licht deiner Aufmerksamkeit darauf. Falls es eine Emotion ist, spüre die starke Energieladung dahinter. Sei dir bewusst, dass dies der Schmerzkörper ist. Zur gleichen Zeit sei das Wissen. Das heißt: **Sei dir deiner wachen Gegenwärtigkeit bewusst und fühle ihre Macht.**

Jede Emotion, die du mit deiner Gegenwärtigkeit füllst, wird schnell abflauen und verwandelt werden. Wenn es um ein rein körperliches Gefühl geht, wird deine bewusste Aufmerksamkeit verhindern, dass es sich in eine Emotion oder einen Gedanken verwandelt. Sei weiterhin wach und aufmerksam und warte auf das nächste Zeichen des Schmerzkörpers. Wenn es erscheint, ergreife es wieder, genau wie beim ersten Mal.

Wenn der Schmerzkörper später ganz aus seinem Ruhezustand erwacht, kann es in deinem Inneren für eine Weile, vielleicht sogar einige Tage lang, ganz schön turbulent zugehen. Was auch immer passiert, bleibe gegenwärtig. Gib dem, was geschieht, deine volle Wachsamkeit. Beobachte die inneren Turbulenzen. Wisse, dass sie da sind. Bewahre das Wissen und sei das Wissen. Denke daran, dem Schmerzkörper nicht zu erlauben, deinen Verstand zu benutzen und die Oberhand über dein Denken zu gewinnen. Beobachte ihn. Spüre seine Energie direkt, in deinem Körper.

Du weißt, volle Aufmerksamkeit bedeutet völliges Annehmen. Durch anhaltende Aufmerksamkeit, das heißt, durch Annehmen, wird die Umwandlung ausgelöst. Der Schmerzkörper wird in strahlendes Bewusstsein verwandelt wie ein Holzscheit, das in der Nähe des Feuers selbst zu Feuer wird. So wird deine Menstruation nicht nur zu einem freudigen und erfüllten Ausdruck deiner Weiblichkeit, sondern auch zu einer heiligen Zeit der Wandlung, in der du die Geburt eines neuen Bewusstseins ermöglichst. Dann erstrahlt deine wahre Natur, sowohl im weiblichen Aspekt der Göttin als auch im transzendenten Aspekt des göttlichen Wesens, das du bist – jenseits der Dualität von männlich und weiblich.

Ist dein männlicher Partner bewusst genug, dann kann er dich bei der Übung, die ich gerade beschrieben habe, unterstützen, indem er besonders zu dieser Zeit eine Frequenz intensiver Gegenwärtigkeit aufrechterhält. Wenn er in den Momenten gegenwärtig bleibt, in denen du in die unbewusste Identifikation mit dem Schmerzkörper zurückfällst – und das kann und wird zunächst geschehen –, dann wirst du ihm leicht in diesem Zustand begegnen können.

Das bedeutet: Immer wenn dein Schmerzkörper vorübergehend die Oberhand gewinnt, ob während der Regel oder zu anderen Zeiten, wird dein Partner ihn nicht mit dem verwechseln, was du wirklich bist. Selbst wenn der Schmerzkörper ihn angreift, was wahrscheinlich ist, wird er nicht reagieren, als ob du ihn angegriffen hättest. Er wird sich nicht zurückziehen oder eine Abwehr errichten, sondern den Zustand intensiver Gegenwärtigkeit aufrechterhalten. Mehr ist für die Transformation nicht nötig. Zu anderen Zeiten wirst du dasselbe für ihn tun oder ihm helfen können, sein Bewusstsein vom Verstand zu befreien, indem du seine Aufmerksamkeit immer, wenn er mit seinem Denken identifiziert ist, in das Hier und Jetzt ziehst.

Auf diese Weise wird sich ein ständiges Energiefeld von reiner und hoher Frequenz zwischen euch aufbauen. Keine Illusion, kein Schmerz, kein Konflikt kann in ihm überleben – nichts, das nicht dein wahres Selbst ist, nichts, das nicht Liebe ist. Hierin erfüllt sich der göttliche, überpersönliche Sinn eurer Beziehung. Sie wird zu einem Magnetfeld des Bewusstseins, das viele andere anziehen wird.

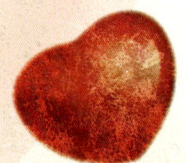

gib die beziehung

mit dir selbst auf

Wenn jemand völlig bewusst ist, hat er oder sie dann immer noch das Bedürfnis nach einer Beziehung? Fühlt sich ein Mann dann immer noch zu einer Frau hingezogen? Wird sich eine Frau ohne einen Mann immer noch unvollkommen fühlen?

Erleuchtet oder nicht, du bist immer noch entweder Mann oder Frau und deshalb auf der Ebene der Form nicht vollständig. Du bist die Hälfte eines Ganzen. Diese Unvollkommenheit empfindest du als männlich-weibliche Anziehung, als „Ziehen" in Richtung der entgegengesetzten Energie, ganz gleich wie bewusst du bist. Doch im Zustand innerer Verbundenheit verspürst du diese Anziehung irgendwo an der fernen Peripherie deines Lebens. Alles, was dir in diesem Zustand widerfährt, fühlt sich ähnlich an. Die ganze Welt kommt dir vor wie große oder kleine Wellen auf der Oberfläche eines riesigen und tiefen Ozeans. Du bist dieser Ozean und gleichzeitig natürlich eine Welle, aber eine Welle, die ihre wahre Identität als Ozean erkannt hat. Und im Vergleich mit jener Tiefe, jener Weite ist die Welt der Wellen nicht besonders wichtig.

Das bedeutet nicht, dass du dich nicht tief auf andere Menschen oder deinen Partner beziehst, im Gegenteil: Erst wenn du dir des Seins bewusst bist, kannst du dich wirklich tief beziehen. Aus der Perspektive des Seins kannst du den Schleier der Form durchschauen. **Im Sein sind das Männliche und das Weibliche eins.** Deine Form mag weiterhin verschiedene Bedürfnisse haben, das Sein hat keine Bedürfnisse. Es ist schon vollkommen und ganz.

Erfüllen sich deine Bedürfnisse, ist das zwar schön, aber für deinen inneren Zustand ist es unerheblich, ob sie erfüllt werden oder nicht. Wenn das Bedürfnis eines erleuchteten Menschen nach weiblicher oder männlicher Polarität nicht erfüllt wird, dann kann er auf der äußersten Schicht seines Seins durchaus ein Gefühl von Mangel oder Unvollkommenheit empfinden und gleichzeitig in seinem Inneren ganz und gar erfüllt, vollständig und im Frieden sein.

Ist es auf der Suche nach der Erleuchtung eine Hilfe oder ein Hindernis, homosexuell zu sein? Oder macht es keinen Unterschied?

Wenn du beginnst, erwachsen zu werden, kann die Ungewissheit über deine sexuelle Identität und die darauf folgende Einsicht, dass du „anders" bist, dich dazu bringen, aus der Identifikation mit gesellschaftlich konditionierten Gedanken- und Verhaltensmustern auszusteigen. Das hebt den Grad deines Bewusstseins automatisch über den der unbewussten Mehrheit, deren Mitglieder all die ererbten Muster ungefragt als gegeben hinnehmen. In dieser Hinsicht kann es hilfreich sein, homosexuell zu sein. Es erschwert einem zwar das Leben, eine Art Außenseiter zu sein, der nicht „dazupasst" oder aus welchem Grund auch immer abgewiesen wird, aber es bringt auch Vorteile, wenn es um die Erleuchtung geht. Es zwingt dich quasi aus der Unbewusstheit heraus. Wenn du allerdings auf der Basis deiner Homosexualität eine Identität entwickelst, bist du einer Falle entkommen, um gleich in eine neue zu tappen. Du wirst Rollen einnehmen und Spiele spielen, die auf einer Vorstellung deiner selbst als eines

Homosexuellen basieren. Du wirst unbewusst werden. Du wirst unecht werden. Hinter deiner Ego-Maske wirst du sehr unglücklich werden. Wenn das geschieht, ist deine Homosexualität zu einem Hindernis geworden. Aber es gibt immer wieder neue Chancen. Akutes Unglücklichsein kann zu einem großen Wachmacher werden.

Ist es nicht so, dass man eine gute Beziehung mit sich selbst haben und sich selbst lieben muss, bevor man eine erfüllte Beziehung mit einem anderen Menschen haben kann?

Wenn du dich im Alleinsein mit dir selbst nicht wohl fühlst, dann suchst du eine Beziehung, um dein Unbehagen zu überdecken. Mit Sicherheit wird dieses Unbehagen auf die eine oder andere Art in deiner Beziehung auftauchen, und du wirst die Verantwortung dafür wahrscheinlich deinem Partner zuschieben. **Du brauchst nur den gegenwärtigen Moment voll anzunehmen.** Dann fühlst du dich im Hier und Jetzt wohl, und dann fühlst du dich mit dir selbst wohl.

Aber brauchst du denn überhaupt eine Beziehung mit dir selbst? Warum kannst du nicht einfach nur du selbst sein? Sobald du in Beziehung mit dir selbst bist, hast du dich in zwei gespalten, in „Ich" und „Mich", Subjekt und Objekt. Diese vom Verstand geschaffene Dualität ist der Grund für all die unnötige Kompliziertheit, für all die Probleme und Konflikte in deinem Leben. Im Zustand der Erleuchtung bist du, wer du bist – du und du-selbst verschmelzen zu einer Einheit. Du verurteilst dich nicht selbst, tust dir selbst nicht Leid, bist nicht stolz auf dich selbst, liebst dich nicht selbst, hasst dich nicht selbst und so weiter.

Die Spaltung, die durch ein sich selbst reflektierendes Bewusstsein erzeugt wurde, ist dann geheilt, der Fluch ist aufgehoben. Es gibt kein „Selbst", das du schützen, verteidigen oder nähren musst. Wenn du erleuchtet bist, dann ist eine Beziehung für immer vorbei: Die Beziehung mit dir selbst. Und sobald du diese Beziehung aufgegeben hast, werden all deine anderen Beziehungen zu Liebesbeziehungen.

Wahre Beziehungen werden erst möglich,
wenn ein Seinsbewusstsein vorhanden ist.
Aus der Sicht des Seins
nimmst du den Körper
und den Geist des Anderen
nur als eine Art Wand wahr,
hinter der du seine wahre Realität
ebenso wie deine eigene spüren kannst.

„Das ist eins der wertvollsten Bücher, die ich je gelesen habe."
Oprah Winfrey (Talkshow-Moderatorin)

„Es hat mein Leben wirklich verändert." *Cher (Schauspielerin)*

„Es kann Ihr Denken transformieren. Das Ergebnis? Mehr Freude, jetzt."
Meg Ryan (Schauspielerin)

„Wir begreifen auf jeder Seite, dass hier einer jener wahren Meister zu uns spricht, dass er uns meint, unser Leben, unser Sein. Dabei benutzt er, wie alle großen Meister, eine einfache Sprache. Die tiefsten Wahrheiten sind immer einfach. Nicht simpel – sondern einfach; darin liegt eine Welt des Unterschiedes." *Vera F. Birkenbihl (Manager Trainings)*

„Nur selten sage ich, dass dies ein Buch ist, das ‚jeder' lesen sollte. Aber Tolles Buch verdient eine solche Empfehlung wirklich."
Peter Russell (Wissenschaftler, Buchautor)

„Eckhart Tolle erklärt klar und logisch, wie wir die Übermacht, die wir unserem Verstand gegeben haben, ausgleichen. Unser Verstand ist unser Werkzeug – nicht umgekehrt. Mir hat sein Buch sehr viel beigebracht."
Sabrina Fox (Autorin in PranaHaus 5/2002)

„Ich kann nur allen den Ratgeber ,Jetzt! Die Kraft der Gegenwart' von Eckhart Tolle empfehlen. Ein Gewinn für mein Leben. Die Übungen helfen mir, die Welt positiv zu sehen." *Ursula Karven (Schauspielerin)*

„Eckhart Tolle schreibt auf klare und eindringliche Art und Weise über ein Phänomen, welches wir uns in jedem Augenblick unseres Lebens bewusst machen können: Nur das JETZT ist wirklich real – alles andere ist ein Konstrukt unseres Verstandes."
Barbara und Michael Fromm (Business- und Lifecoaches)

© David Ellingsen

über den autor

Eckhart Tolle wurde in Deutschland geboren und verbrachte hier die ersten dreizehn Jahre seines Lebens. Nach dem Abschluss seines Studiums an der University of London war er in Forschung und Supervision an der Cambridge University tätig. Mit neunundzwanzig Jahren löschte eine tiefe spirituelle Transformation seine alte Identität praktisch aus und führte zu einer grundlegenden Wandlung seines Lebens. Die nächsten Jahre widmete er dem Verstehen, Integrieren und Vertiefen dieser Verwandlung, die den Beginn einer intensiven Reise nach innen markierte.

Eckhart Tolle gehört keiner speziellen Religion oder Tradition an. Die einfache aber tief greifende Botschaft seiner Lehre vermittelt er mit der zeitlosen und schlichten Klarheit aller wahren spirituellen Meister: Es gibt einen Weg heraus aus dem Leiden, der direkt in den Frieden führt.

Seit Erscheinen seines ersten englischen Buches 1997 ist Eckhart Tolles Bekanntheitsgrad als spiritueller Lehrer weltweit konstant gewachsen. Inzwischen sind seine Bücher in 35 Sprachen übersetzt und besitzen überall Bestsellerstatus.

Seit 1996 lebt er in Vancouver, Kanada.

weitere

informationen

Weitere Informationen zu Eckhart Tolle und seinen Workshops, Seminaren, Retreats und englischen CDs, DVDs sowie Eckhart Tolle TV finden Sie unter: www.eckharttolle.com

Infos zu Veranstaltungen in Deutschland, lokalen Gruppen in Deutschland sowie weiteren Produkten von Eckhart Tolle finden Sie unter: www.eckharttolle.de

J.Kamphausen Mediengruppe GmbH:
info@j-kamphausen.de / www.weltinnenraum.de

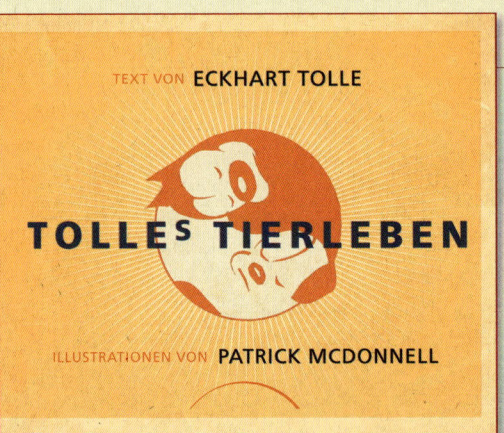

TEXT VON **ECKHART TOLLE**

TOLLE^S TIERLEBEN

ILLUSTRATIONEN VON **PATRICK MCDONNELL**

E. Tolle / P. McDonnell
Tolles Tierleben
120 Seiten
Hardcover
ISBN 978-3-89901-207-1

Alle Dinge in der Natur, jede Blume, jeder Baum
und jedes Tier – sie alle haben uns viel zu lehren,
wenn wir einfach nur

innehalten, schauen und lauschen.

In manchen Lehren sagt man jedes Wesen ist ein
Ausdruck des Göttlichen.
Schau in die Augen deines Hundes und spüre diesen inneren Kern.

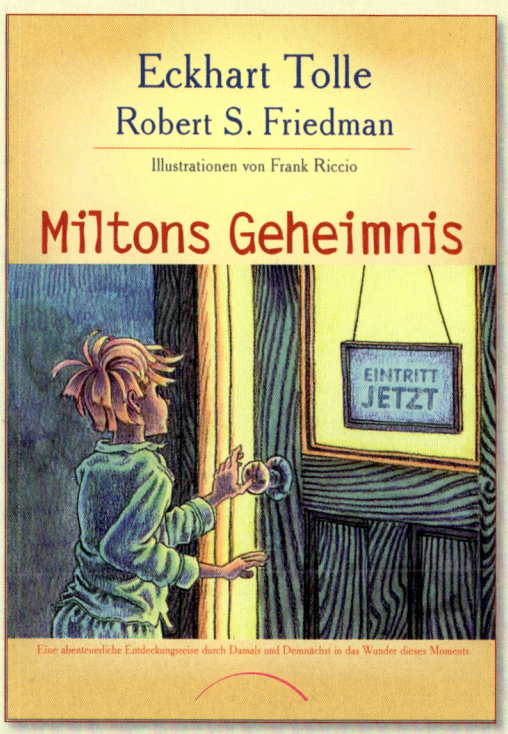

E. Tolle / R. S. Friedman
Miltons Geheimnis
40 Seiten
Hardcover
978-3-89901-176-0

Erhältlich in jeder Buchhandlung oder direkt beim Verlag.

weltinnenraum.de
J.Kamphausen | Mediengruppe

Eckhart Tolle
Leben im Jetzt aber wie?
Vortrag in Karlsruhe 2010
DVD
100 min ·
ISBN 978-3-89901-384-9

Eckhart Tolle
Leben im Jetzt aber wie?
Vortrag in Hannover 2010
DVD
100 min ·
ISBN 978-3-89901-385-6

Eckhart Tolle
Jetzt! Die Kraft der Gegenwart
Hörbuch: 8 CDs
ISBN 978-3-933496-71-3

Eckhart Tolle
Jetzt! Musik für diesen Moment
CD
ISBN 978-3-89901-167-8

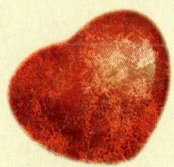

Erhältlich in jeder Buchhandlung oder direkt beim Verlag.

weltinnenraum.de

J.Kamphausen | Mediengruppe

Simona Friese